Christian Friedrich Ernst Neubert

Sieges- und Friedensdenkmal

Anleitung zur Feier des Nationalfestes in Kirche, Schule und Haus

Christian Friedrich Ernst Neubert

Sieges- und Friedensdenkmal
Anleitung zur Feier des Nationalfestes in Kirche, Schule und Haus

ISBN/EAN: 9783743605343

Hergestellt in Europa, USA, Kanada, Australien, Japan

Cover: Foto ©ninafisch / pixelio.de

Weitere Bücher finden Sie auf **www.hansebooks.com**

Sieges- und Friedens-Denkmal.

Anleitung

zur

Feier des Nationalfestes

in

Kirche, Schule und Haus

von

Christian Friedrich Ernst Neubert

Pfarrer in Hembofen bei Erlangen,
Verfasser der Druckschrift: „Der Engel des Trostes am Krankenbette"

nebst einem Vorwort

von

Fedor von Rappard,

Königl. Preuß. Major zur Disposition.

Nürnberg

Verlag von Jacob Zeiser.

1873.

Vorwort.

Seiner HochEhrwürden, dem evangel. Pfarrer,

Herrn

Ch. J. E. Neubert in Hemhofen bei Erlangen.

Hochgeehrter, theurer, in Jesu Christo, unserem Herrn und
Heilande geliebter Freund und Bruder!

Mit großer Freude und gerührtem Herzen begrüße
ich Ihre Schrift zu einem Denkmal des Sieges, welchen
Gott, der Herr, dem deutschen Volke über das feindselige,
gottvergessene Frankreich während der glorreichen Kriegs=
jahre 1870 und 1871 in so reichem, glänzenden und
über alle Erwartung vollem Maaße geschenkt hat. —

Wohl uns! — wenn wir nicht nur dieses Geschenk
des Sieges annehmen, sondern, wie Sie es ja auch durch
die That beweisen, mit stetem Danke in das Andenken
zurückrufen, damit der Segen nicht verloren gehe, welchen
Gott damit hat verbreiten wollen. —

1*

Sowie nach den siegreichen Freiheitskriegen Deutsch=
lands gegen Frankreich von 1813, 1814 und 1815 ein
Siegesdenkmal in Berlin errichtet wurde, welches noch
heute auf dem Kreuzberge daselbst in voller Glorie pranget,
eben so ist — Gott sei Dank! — auch heute das deutsche
Volk, und darunter auch Sie, theurer, hochverehrter Freund,
beflissen, die Siegesjahre von 1870 und 1871 in ge=
segnetem Andenken zu erhalten, und ich erflehe von Gott
durch unsern theuren Herrn und Heiland, Jesum Christum,
den Segen für Ihre edle Absicht, indem ich Ihrem Denkmal
dieselbe Inschrift wünsche, wie jenem auf dem Kreuzberge,
nämlich: „Der König dem Volke, das auf seinen Ruf
„hochherzig Gut und Blut dem Vaterlande darbrachte,
„den Gefallenen zum Gedächtniß, den Lebenden
„zur Anerkennung, den künftigen Geschlechtern
„zur Nacheiferung.‟

Ihre Geschichte des deutsch=französischen Krieges und
Ansprache an das deusche Volk ist eine Stimme für den
Namen des Herrn, welcher sich einst auch für uns be=
kennen wird, wenn wir ihn hienieden vor den Menschen
bekannt haben werden in Wort und That nach Seinem
Willen bis an's Ende. — Das Geschichtsbild ist
richtig und für den Zweck einer kirchlichen Vor=
lesung vollständig. Die Hauptmomente des
Krieges haben Sie vollständig und in pragma=
tischem Zusammenhange gegeben, im Lichte
des göttlichen Wortes und in anschaulicher, er=
greifender und lebendiger Rede dem Volke nahe

gebracht. — Gottes reicher Segen ruhe auf Ihrer Schrift!

Glücklicherweise wandeln wir Beide nicht allein auf dem Wege der himmlischen Berufung in Christo Jesu. —

In Norddeutschland, insbesondere in Preußen und namentlich im preußischen Militairstande gibt es Viele, welche dasselbe Ziel im Auge haben. — Oh! — ich habe mir übrig lassen bleiben mehr, denn 7000, die ihre Kniee nicht gebeugt haben vor Baal (I. Könige C. 19 B. 18). — Das hocherlauchte Herrscherhaus der Hohenzollern steht in erster Reihe unter denselben. — Das beweiset schon die fromme, demüthige und lehrreiche Art und Weise, wie der Kaiser die wunderbaren Erfolge des Krieges auffaßte. Die ganze Nation kann daran lernen, wie auch sie die=selben im Lichte des Wortes Gottes auffassen soll.

Als der Kaiser=König nach dem Kriege einstmals eine Anzahl Männer, welche sich im Kriege ausgezeichnet hatten, zum Diner befohlen und nach aufgehobener Tafel mit einem jeden Gaste, wie gewöhnlich, einige Worte wechselte, kam er auch an den Gast, welcher mir persön=lich diese Unterredung mitgetheilt hat, und redete ihn freundlich an mit folgenden Worten: „Nun sagen Sie „mir einmal, — wie erklären Sie sich das, daß mir das „passirt ist?" — gleichsam, als wollte er sagen: „ich habe „in meinem hohen Alter nicht mehr darauf rechnen kön=„nen, überhaupt noch den Thron zu besteigen, geschweige

„denn solche große und wunderbare Kriegsthaten auszu=
„führen, wie sie jetzt geschehen sind."

Der Gast antwortete lächelnd: „Oh! Eure Majestät,
„das ist ja leicht zu erklären."

„Leicht?" erwiderte der König, „nun, können Sie
mir denn einen Grund sagen?"

Der Gast antwortete: „Das hat vornehmlich drei
„Gründe."

„Drei Gründe?" fragte der König; „ich weiß kaum
„Einen; aber lassen Sie einmal Ihre drei Gründe hören!"

Der Gast sagte:

„Zum Ersten sind Eure Majestät der Erbe des
„Segens Ihres frommen, gottesfürchtigen Vaters und
„Ihrer frommen Mutter und von solchen Kindern steht
„geschrieben: „Des Vaters Segen bauet den Kindern
„Häuser."" —

„Zum Zweiten sind Eure Majestät mit Ihrem
„Kriegsheere getragen worden von den ernstlichen Gebeten
„vieler Tausende Ihrer gerechten Unterthanen und von
„Solchen stehet geschrieben: „Des Gerechten Gebet ver=
„mag viel, wenn es ernstlich ist."" —

„Zum Dritten aber sind Eure Majestät demüthig
„genug, Sich zu erinnern, daß Ihnen das passirt ist,

„und Sie schreiben den Sieg nicht Sich, sondern dem
„Herrn zu und von Solchen stehet geschrieben: „Dem
„Hoffährtigen widerstehet der Herr, aber dem Demüthi=
„gen giebt er Gnade!"" —

Mit lebhafter Freude sagte der König zu seinem
Gaste: „Das gefällt mir sehr gut, was Sie da sagen;
„das muß auch der Kronprinz hören!" — und sich
zu dem in der Nähe stehenden Kronprinzen wendend,
rief er diesem zu: „Fritz, komm' 'mal her, laß Dir ein=
„mal von diesem Herrn erzählen, was er mir eben ge=
„sagt hat, das kannst Du auch gebrauchen." —

In diesen Worten haben wir das Panier, in welchem
alle Welt siegen soll gegen die Feinde des Herrn. —
Die Feinde des Herrn zwingen uns auch nach dem Frieden
zu einem Kriege, welcher nach dem Ausspruche des großen
Diplomaten=Heros, des Fürsten Bismarck, dem 30jährigen
ähnlich werden kann.

Sowie aber unser Helden=Kaiser in schwerer Zeit
seinen Kampf mit Gebet, Weisheit, Glauben und Kraft
geführt und mit Dank gegen Gott und mit so großer
Bescheidenheit geendet hat, so sollen alle Christen ihre
Sachen anfangen, fortführen und vollenden. — Wenn
das geschieht, so ist das Blut der Helden nicht umsonst
geflossen, und wenn Ihre liebe Schrift und dieses mein
geringes Vorwort zur Erreichung dieses großen Zieles

etwas beitragen können, so sind Beide nicht umsonst ge=
schrieben.

Das walte Gott durch Jesum Christum, unsern
HErrn, und das wünscht Ihnen und mir Ihr getreuer,
deutscher und christlicher Freund und Bruder

Fedor von Rappard,
Königl. Preuß. Major z. Disposition,
ehedem in Berlin wohnhaft, Hohenzollern=Str. Nr. 7,
jetzt in Barmen, auf Augustenruh.

Barmen, den 18. Juni 1873
am Tage der Schlacht von la belle Alliance.

Anleitung

zur Feier

des National- und Friedensfestes.

———

Anleitung

zur kirchlichen Feier des National- und Friedensfestes. *)

Die gottesdienstliche Feier beginnt mit dem Gesang des Liedes Nr. 13. im bayerischen Gesangbuche:

„Lobe den Herren, o meine Seele".

Nach Absingung von 3 Versen dieses Liedes betritt der Geistliche den Altar und beginnt mit dem Introitus und kleinen Gloria. Hierauf verliest er den Abschnitt aus dem

118. Psalm, Vers 13—29

und sagt am Schlusse:

Soweit die Worte des Abschnittes aus dem 118. Psalm. Gelobt sei Jesus Christus! Amen! Laßt uns den Herrn um Seinen Segen für die Verkündigung Seines Wortes anflehen mit dem Gesange des 5. und 6. Verses des bereits angefangenen Liedes.

Hierauf wird der 5. und 6. Vers des Liedes Nr. 13 gesungen und dann folgt die Vorlesung vom Anfang bis zum Schlusse, so wie sie gedruckt ist.

Nach der Vorlesung wird der 7. und 8. Vers desselben Liedes gesungen und der Geistliche singt hierauf:

das Gratias (Responsorium)

Danket dem HErrn; denn Er ist freundlich.
Die Gemeinde antwortet:

Und Seine Güte währet ewiglich.

Der Geistliche betet hierauf das von höchster kirchlicher Stelle vorgeschriebene Friedensgebet, sodann das Vaterunser, singt hierauf

die Praefation, sowie das Benedicamus,

und ertheilt endlich den Segen.

Zum Schlusse des Gottesdienstes wird das Lied Nr. 3 im Gesangbuche gesungen:

„Nun danket Alle Gott."

---

*) Soferne von höchster kirchlicher Stelle keine entgegengesetzten Aenderungen getroffen werden.

Vorlesung in der Kirche
bei der Feier des National- und Friedensfestes.

I. Theil.
Einleitung.

Gelobet sei der Herr, unser Gott, der Großes an uns gethan hat und uns eine Hülfe war in großen Nöthen! Hier war Immanuel. Der Herr Zebaoth war mit uns. Der Gott Jakob's, der Vater unsers Herrn Jesu Christi, war unser Schutz. Erkennet, daß Er Gott ist! Gelobet sei Sein heiliger Name! Amen!

Andächtige, in Christo Jesu, unsrem HErrn, Geliebte!

So spricht der Prophet Jeremias im 2ten Capitel im 19ten Verse:

„Es ist beiner Bosheit Schuld, daß du so gestäupet „wirst und beines Ungehorsams, daß du so gestraft „wirst. Also mußt du inne werden und erfahren, „was es für Jammer und Herzeleid bringet, den „Herrn, beinen Gott, verlassen und Ihn nicht fürch= „ten, spricht der Herr Herr Zebaoth.“

Das ist bei der Zerstörung Jerusalems im Jahre 70 und nun auch 1800 Jahre später im Jahre 1870 im französisch= deutschen Kriege, insbesondere bei der Belagerung von Paris in recht auffallender Weise in Erfüllung gegangen. In diesem Lichte, überhaupt im Lichte des göttlichen Wortes, wird die Ge=

schichte dieses Krieges richtig verstanden. In diesem Lichte wollen wir die Thaten Gottes betrachten, und beherzigen, was Gott, der Herr, durch diesen Krieg zu uns geredet hat. Das Straf= gericht Gottes ist über Frankreich ergangen. Deutschland — voran die deutsche Armee — war der Engel mit flammendem Schwert, das Werkzeug in der Hand Gottes, um das Gericht zu vollstrecken. Wie bei Jerusalem die Römischen Adler, so wurden bei der Hauptstadt des französischen Reichs die deutschen — voran die preußischen Adler — die Gerichtsvollstrecker.

„Wo ein Aas ist, da sammeln sich die Adler" spricht Christus. (Matth. 24, 28.) Frankreich war zum Aas geworden; darum sammelten sich auch die Adler um dasselbe.

Inwiefern war aber Frankreich zum Aas geworden? Es war in religiöser und sittlicher Beziehung eine Fäulniß einge= treten. Der Krieg hat dieselbe in haarsträubender Weise auf= gedeckt. Treulos und wortbrüchig, voll Heuchelei, Lug und Trug zeigte sich das französische Heer und Volk. Nicht einmal die gewöhnlichen Gesetze des Völkerrechtes wurden beobachtet. Die Franzosen schossen auf Parlamentäre und Aerzte, warfen ver= wundete Krieger in brennende Häuser, blendeten hilflose Krieger, trieben unschuldige Kinder, Kranke und schwache Greise aus ihren Wohnungen und stießen sie in's Elend, blos, weil es Deutsche waren; — kurz! — sie übten die unerhörtesten Grau= samkeiten. Der gemeinste Mord wurde bei ihnen als Helden= that gepriesen und französische Gerichte sprachen über die Mör= der der Deutschen das „Nichtschuldig" aus. Bei den Kämpfen um Metz, die am 18. August 1870 stattfanden, ließen die Franzosen in höchst gefühlloser Weise 3000 verwundete Kame= raden hülflos auf dem Schlachtfelde liegen. Mit einer Verlo= genheit, die an's Unglaubliche gränzt, wurden die Bewohner Frankreichs durch falsche Berichte getäuscht und irre geleitet. Muthwillig wurde schon die Ursache zum Kriege vom Zaun gerissen, indem man französischer Seits, nicht zufrieden mit der Verzichtleistung des Prinzen Leopold auf die spanische Krone, dem Könige Wilhelm von Preußen, unserem jetzigen ehrenfe= sten deutschen Kaiser, zumuthen wollte, eine Art von erniedri=

genber Abbitte vor dem französischen Kaiser zu leisten, weil dem
Prinzen Leopold von Hohenzollern nicht gleich die An=
nahme des spanischen Thrones untersagt und befohlen wurde,
für alle Zeiten darauf Verzicht zu leisten, daß Hohenzollern
in Spanien regieren. Deshalb konnte auch der König von
Preußen mit gutem Gewissen ausrufen: „Mein Volk weiß
„mit mir, daß Friedensbruch und Feindschaft nicht auf unserer
„Seite war; aber herausgefordert sind wir entschlossen, gleich
„unsern Vätern und in fester Zuversicht auf Gott den Kampf
„zu bestehen zur Errettung des Vaterlandes."

Wie der Krieg muthwillig vom hohen und niedern fran=
zösischen Pöbel in den Straßenaufläufen gefordert wurde, so
wurde er auch in wahnsinniger Verblendung muthwillig von
den Franzosen fortgeführt. Paris, das moderne Babel, trägt
besondere Schuld an dem Elende, das als Gericht über Frank=
reich kam; denn diese Stadt hat die Erde mit ihrer Hurerei
verderbet und unschuldiges Blut in Strömen vergossen. Was
der Heiland dem jüdischen Volke vorwarf, wenn Er (Matth. 23, 31)
sagte: „So gebet ihr über euch selbst Zeugniß, daß
ihr Kinder seid derer, die die Propheten getödtet
haben. Wohlan, erfüllt auch ihr das Maß eurer
Väter ꝛc.", das kann auch dem französischen Volke und seiner
Hauptstadt vorgeworfen werden.

Wie viel Hugenottenblut ist bei der Bluthochzeit in jener
schauerlichen Bartholomäusnacht vergossen worden; wie viel
Protestanten sind um ihres Glaubens willen grausam verfolgt
und durch Dragonaden von Haus und Hof vertrieben und er=
mordet, nach Hunderten lebendig verbrannt oder begraben wor=
den! Welche blutigen Raub= und Eroberungszüge hat dieses
Volk unternommen und was könnten die in Rauch aufgegange=
nen Städte, Dörfer, Schlösser, Burgen in der Rheinpfalz er=
zählen! Die Zahl der mit blutigem Griffel geschriebenen
Denkmale der verwüsteten Rheinpfalz ist Legion. Ein Geistlicher
in Nizza (Leon Pilatte) hat im September 1870 unter dem
Titel: „Schuldbekenntniß Frankreichs" eine Schrift heraus=

gegeben, in welcher er die sittliche Fäulniß des französischen
Volkes unter Anderem folgendermaßen beschreibt:

„Wir haben Gottes Langmuth erschöpft: Herr, wir er-
„kennen es, deine Gerichte sind gerecht. Die Strafe, die du
„über uns verhängst, ist verdient. Wir waren stolz und über-
„müthig und verachteten alle anderen Nationen. Wir waren
„nach eitlem Ruhme lüstern und immer bereit, das Schwert
„zu ziehen und Blut zu vergießen. Wir waren in Ueppigkeit
„versunken; wir liebten die Pracht und Genüsse des Gaumens
„und waren unbarmherzig gegen die Dürftigen. Unsere Sitten
„waren verdorben, wir haben den Meineid entschuldigt, ge-
„priesen und gekrönt und über alles Heilige gespottet. Durch
„schamlose Moden und schmutzige Lieder haben wir Aergerniß
„gegeben; das Laster ging in vollem Schwange. Wir waren
„ungläubig, gottlos, heuchlerisch, abergläubisch und haben über
„das Evangelium gespottet. Wir sind erbittert, aber nicht buß-
„fertig. Jeder klagt den andern an, statt sich selbst.“

Dieses Schuldbekenntniß wird durch die heillose in Frankreich herrschende Sabbathschändung bestätigt und gerechtfertigt.
Der heilige Tag des Herrn wurde so wenig geachtet, daß man
die gewöhnlichsten Werktagsarbeiten an demselben verrichtete,
den Gottesdienst verlachte und den Sabbath zur Ausübung der
größten Gräuel und lasterhaftesten Ausschweifung benützte. In
welchen Abgrund der Verworfenheit und sittlicher Verkommenheit
ließ uns aber erst die Commune in Paris schauen, welche
der ganzen Welt das ekelhafte Schauspiel bot, wie sich Glieder
Eines Volkes selbst in verzehrendem Kampfe zerfleischten und
aufrieben, wie ein Bruder den andern ermordete, Aeltern gegen
Kinder und Kinder gegen Aeltern das Schwert zogen, wie nichts
mehr heilig war, wie alle Bande der Ehe, der Familie, der
Verwandtschaft, Freundschaft, ja die heiligsten Bande der Kirche
sich lösten und einem Bruderkrieg wichen, welcher, einem feuerspeienden Berge vergleichbar, Tod und Verderben verbreitete und
einer zweiten vermehrten Auflage des schandvollen Treibens im
Revolutionsjahre 1793 ähnlich sah, in welchem Jahre Gott, der

Herr, öffentlich als abgeſetzt erklärt und die menſchliche Ver-
nunft an die Stelle Gottes geſetzt wurde!!! --

Aus dem Allen geht hervor, daß Frankreich — die Haupt-
ſtadt voran — **zum Aas** geworden war. Die Zahl der
Gerechten und Gottesfürchtigen war nicht hinreichend, Gottes
Gerichte abzuwehren, obſchon der Herr um dieſer Gottesfürchtigen willen es nicht ganz zur Vernichtung kommen ließ, ſondern
Sich durch wunderbare Verſchonung an Vielen verherrlichte.
Wie die Gottesfürchtigen die Kriegserklärung nicht abwehren
konnten, welche am 19. Juli des Jahres 1870 in Berlin über-
reicht wurde, ſo konnten ſie auch nicht hindern, daß die deutſchen Adler die Vollſtrecker des göttlichen Gerichtes wurden.
Deutſchland zog aus zu einem heiligen Kriege für die gerechte
Sache des deutſchen Vaterlandes, zur Abwehr des Feindes und
zur Züchtigung des franzöſiſchen Uebermuths.

An einem allgemeinen Buß- und Bettage demüthigte ſich
Deutſchland vor dem Herrn der Herrſchaaren, und rief Ihn
um Hilfe an, während die Franzoſen Fleiſch für ihren Arm
hielten und auf ihre eigene Kunſt und Stärke vertrauten.
Wahrhaft rührend war es zu ſehen und zu hören, wie der
Kaiſer die Strapazen des Krieges theilte. Und ſiehe! Gott war
mit dem greiſen Kriegshelden, dem oberſten Bundesfeldherrn.
Der Engel des Herrn ſtand zur Seite der gebiegenen diplo-
matiſchen und ſtrategiſchen Leiter des Krieges und der
Heerführer; die ganze Armee war gehoben durch das Bewußt-
ſein der heiligen Sache, für die man kämpfte; todesmuthig und
kampfbegierig eilten die edelſten Männer aus allen Gauen
Deutſchlands, auch Männer aus fürſtlichen Häuſern, unter die
deutſchen Adler, um das Vaterland zu vertheidigen und zu
retten. Der bayeriſche Löwe machte ſich auf und nahm den
ruhmvollſten Antheil*) an den Siegen des deutſchen Heeres.
Von den Gebeten in der Heimath getragen, kämpfte die deutſche

---

*) Durch die glänzenden Waffenthaten bei Weißenburg und Wörth,
Beaumont und Sedan, durch die Geſechte bei Pleſſis-Piquet und
Chatillon vor Paris, durch die Feldſchlachten bei Orleans und in
den Ebenen der Loire.

Armee mit Gottvertrauen und Begeisterung für Gott und Vaterland und das ganze Volk, insbesondere auch die Frauen und
Jungfrauen, wetteiferten in Werken aufopfernder Liebe, legten
das Theuerste, was sie hatten, auf den Altar des Vaterlandes
nieder und suchten die Schmerzen der leidenden Krieger nach
Kräften zu lindern. Ein Geist sittlicher Zucht und sittlichen
Ernstes, wahrer Gottesfurcht entstammend und in heiliger Begeisterung sich offenbarend, ging durch das ganze Heer und
Volk und stählte es mit einer Ausdauer, der das zum Aas ge-
wordene feindliche Volk und Heer nicht Stand halten konnte.
Der Segen kam sichtbar von oben, so daß Deutschland siegte;
— von Frankreich dagegen war der Segen gewichen, wie einst
vom König Saul, als ihn Gott verworfen hatte.

Dies zeigte sich gleich schon bei dem

Beginn des Krieges

in der wunderbaren Verblendung des feindlichen französischen
Volkes.

II. Theil.

Geschichtlicher Theil.

Obwohl die Franzosen den Krieg erklärt hatten, so war-
teten sie doch unbegreiflicher Weise mit einem Angriffe, bis die
deutsche Armee sich vollständig gesammelt hatte und kampf-
gerüstet und schlagfertig der französischen Armee gegenüber
stand*). Schon das bewirkte Verwirrung bei den Feinden

---

*) Es wurden in bewunderungswürdig exakter Eile 3 große deutsche
Armeeen gebildet:

    die 1. unter Befehl des Generals von Steinmetz in der Gegend
        von Coblenz, Trier und Saarbrücken;

    die 2. unter Befehl des Prinzen Friedrich Carl von Mainz
        aus gegen Saargemünd;

    die 3. unter Befehl des Kronprinzen von Preußen von
        Worms, Mannheim und Carlsruhe aus gegen Weißenburg
        und Wörth.

daß sie sich in den vermeintlichen Bundesgenossen getäuscht sahen, was sie immer besser merkten, als sie vergeblich die auswärtigen Höfe um Bundesgenossenschaft und Hülfe angingen. Der ganze Kriegsplan mußte plötzlich geändert werden und, statt selbst anzugreifen, ließen sich die Franzosen angreifen und den Kampf auf ihr eignes Land und Gebiet versetzen. — Am 2. August 1870 erfolgten bei Saarbrücken die ersten blutigen Gefechte, welche nur ein Vorspiel des Krieges waren, aber noch keine Entscheidung brachten. Von höchster Bedeutung für den ganzen Kriegsverlauf waren dagegen die Kämpfe am 4. und 6. August. Der deutsche Königssohn, der Kronprinz von Preußen, welcher in diesem Kriege, nachdem er früher schon (anno 1866) die militärische Feuertaufe empfangen hatte, für alle Zeiten sich den Ruhm eines tüchtigen Feldherrn erwarb, erstürmte am 4. August mit den tapferen Preußen und Bayern die Höhen von Weißenburg und schlug die Vorhut des französischen Feldherrn Mac Mahon. Um diese Schmach zu rächen, zog der französische Feldherr gegen die Stadt Wörth und lagerte sich auf den Bergen. Auf der anderen Seite durch das Thal zog der Kronprinz heran. In Folge von Regengüssen hatten sich die Truppen mühsam durch Wasser und Morast hindurchzuwinden. Sie fuhren aber in Siegesburst und Begeisterung auf wie die Adler, stürmten am 6. August 1870 die steilen Höhen bei Wörth und noch an demselben Tage bei Saarbrücken die Spicherer Höhen hinan. Ein Schlachten und Würgen war's zu nennen, was da mitten im aufsteigenden Rauche der Feuersäulen geschah. Der Sieg war ein vollständiger; denn in wilder Flucht und völliger Auflösung befindlich ward die Schaar der Feinde von den nachjagenden Reitern vernichtet und zersprengt. Viel

---

Eine 4. Armee wurde später gebildet und vom tapferen, rühmlich bekannten Kronprinzen Albert von Sachsen geführt.

Das Hauptquartier des Bundesfeldherrn, des Königs von Preußen, war in Mainz. Am 3. August, dem Geburtstage des Königs Friedrich Wilhelm von Preußen, wurde der Befehl zum Angriff gegeben. —

Wehklagens und Weinens ging neben dem Siegesjubel durch die deutschen Herzen in Folge dieser Schlacht. Viele Waisen und Wittwen jammerten um die gefallenen Ernährer. Wie einst Rahel, die Stammmutter Israels, die ermordeten Kinder beklagte (Matth. 2, 18.) (als man auf dem Gebirge Juda viel Klagens hörte) und sich nicht trösten lassen wollte, so beweinte Deutschland (Mutter Germania) die erschlagenen Söhne. Mutter Germania drückte aber die hinterbliebenen Wittwen und Waisen an das liebende Herz, sorgte für sie, sandte Gaben und Trostengel zur Pflege der verwundeten Krieger und ehrte durch Denkmale, Gedenktafeln und Stiftungen die gefallenen Krieger, die nebst den Verwundeten ein so ehrenvolles schönes Blatt in den Ruhmeskranz des Vaterlandes geflochten hatten. Auch dafür sorgte Deutschland, daß die im Kampfe bei Wörth niedergebrannte Kirche zu Fröschweiler, welche als eine öde Brandstätte und schauerliches Denkmal des blutigen Tages der Schlacht bei Wörth da stand, nun wieder aufgebaut werden kann*). Möchten doch die wiedergewonnenen alten Provinzen es auch als eine Ehrenschuld betrachten, zur Verherrlichung des neu erstandenen Deutschlands nach Kräften beizutragen! Möchten sie sich doch freuen, daß der Vogel wieder sein altes Haus und die Schwalbe ihr Nest gefunden hat!

Die nächste Folge der ersten glorreichen Waffenthat der Deutschen war die rückgängige Bewegung der französischen Armee **auf Metz zu,** die Besetzung der Eisenbahnen, die nach Hagenau, Paris und Lyon führen, durch die deutschen Truppen, die Einschließung von Straßburg und die Kapitulation der Festung Lichtenberg. Nun folgte Sieg auf Sieg.

Der Plan der Franzosen, eine Vereinigung der Hauptarmee unter Marschall Bazaine mit Marschall Mac Mahon herzustellen, wurde durch die Entschlossenheit des Prinzen Friedrich Carl und die musterhaften strategischen Maßregeln des General-Feldmarschalls und Grafen von Moltke vereitelt.

---

*) Der Grundstein zu einer neuen Kirche ist bereits gelegt worden.

In einer Reihe von Kämpfen (14. Aug. bei Metz, 16. Aug. bei Mars la Tour, wo die preußische Cavallerie einen beispiellosen Opfermuth an den Tag legte, 18. Aug. bei Gravelotte, Rezonville, Verneville und St. Privat, wo Sachsen und Preußen und insbesondere die braven Pommern sich auszeichneten und König Wilhelm selbst den Oberbefehl führte), wurde die französische Armee von Paris abgeschnitten, nach Metz geworfen und dort von unseren Truppen eingeschlossen. Wunder von Tapferkeit waren verrichtet worden und das glänzende Heer Frankreichs in einem zweiten glorreichen, die deutsche Waffenführung hoch zu Ehren bringenden Zuge geschlagen. Taktisch und moralisch war der Kern der französischen Truppen, welche wenig Zucht und Gehorsam bewiesen, erschüttert. Eine weitere Frucht dieses Sieges war die, daß sich die Festungen Lützelstein und Vitry ergaben. Napoleon faßte nun den Beschluß, die französische Armee über Rheims und Sedan gegen Metz zu führen, um diese vom Prinzen Friedrich Carl eng eingeschlossene Festung zu entsetzen; aber auch dieser Plan wurde vereitelt dadurch, daß die Deutschen rechts ab marschirten, der französischen Armee in die rechte Flanke fielen und durch siegreiche Gefechte bei Beaumont und Vaux, wo sich Sachsen, Preußen und Bayern hervorthaten, die Franzosen einengten. Es kam am 1. September zur Schlacht bei Sedan, die von Morgens 4 Uhr bis 2 Uhr Nachmittags und von 3 bis 5 Uhr Abends ununterbrochen dauerte und zur Folge hatte, daß sich Kaiser Napoleon dem Könige von Preußen auf Gnade und Ungnade ergab. Am 2. Sept. 1870 gaben sich 80,000 Mann gefangen; große Kriegsvorräthe und alles Geschütz fielen in die Hände der Deutschen.

„Welche Wendung dies durch Gottes Fügung war, —" darüber konnte Napoleon als Gefangener auf dem Schlosse Wilhelmshöhe, welches ihm der großmüthige Preußenkönig als Aufenthaltsort anwies, nachdenken, da schon der Name daran erinnerte, daß der Fürst, den Napoleon schon seit Jahren zu stürzen suchte, Wilhelm, König von Preußen, nun

2*

in der Höhe sei und den Weg zum Kaiserthrone gefunden habe, während Napoleon seine Rolle als Kaiser ausgespielt hatte und von seinem Volke und der Armee verlassen und verworfen wurde. — So ändern sich die Zeiten; wer Andern eine Grube gräbt, fällt selbst hinein. „Gott helfe weiter" — so schrieb damals der König von Preußen an die Königin Augusta, welche sich ebenso wie die Königin=Mutter in Bayern, nebst vielen edlen dekorirten und nicht dekorirten Jungfrauen und Frauen, große Verdienste durch die Fürsorge für die Ver= wundeten erwarb und für viele Bekümmerte ein freundlicher Engel des Trostes war.

Und Gott half wirklich weiter und erhörte das Gebet des gottesfürchtigen Preußenkönigs. Das verblendete Frankreich gab die Hoffnung, das Verlorne wieder zu gewinnen, nicht auf. Alle Versuche, Metz zu entsetzen, waren aber frucht= los. Zu gleicher Zeit bewegte sich die Armee vorwärts und nachdem der König von Preußen seinen Einzug in Rheims gehalten und die Citadelle von Laon sich ergeben hatte, wobei leider! ein verrätherisches Bubenstück durch Sprengung der Citadelle begangen wurde, welches Vielen das Leben kostete, ging es auf Paris los, welches nach einem siegreichen Kampfe bei Sceaux rings eingeschlossen wurde. Wie einstmals um Jerusalem, so wurde um die Hauptstadt Frankreichs eine Wagen= burg geschlagen und dieselbe auf allen Seiten geängstigt, bis die größte Hungersnoth eintrat. Wie die verblendeten Juden in Jerusalem, so setzten auch die verblendeten Franzosen den Kampf fort, ohne einzusehen, daß der Herr gegen sie streite. Eine Festung nach der andern fiel*).

---

*) So z. B.

Toul am 23. Sept. 1870.
Straßburg am 27. Sept. 1870, auf dem Wege der Belagerung durch badische u. preußische Truppen unter General von Werder genommen.
Soissons am 16. Oktober 1870.
Schlettstadt am 24. Oktober 1870.

Metz am 27. Oktober 1870, vom Prinzen Friedrich Carl von Preußen bezwungen.
Verdun am 8. November 1870.
Neubreisach am 10. Novbr. 1870.
Dreur am 18. Novbr. 1870.
Thionville am 24. Novbr. 1870.

Fünf Armeeen wurden kampfunfähig gemacht: die Rhein=
armee, die Maasarmee, die Nord=, West= und Südarmee. Die
Besiegung der ersteren beiden erhielt dadurch eine feierliche
Sanktion, daß der Kronprinz Friedrich Wilhelm und Prinz
Feiedrich Carl zu Feldmarschällen ernannt wurden, da durch
deren treffliche Führung und Ausdauer so viele glänzende Er=
folge erzielt worden sind. Die drei letztgenannten französischen
Armeeen hatten sich gebildet, um den rings um die Stadt Paris
von den deutschen Truppen gelegten eisernen Gürtel zu durch=
brechen, den Parisern Entsatz zu bringen und der deutschen
Armee in den Rücken zu fallen. Die von Faidherbe befehligte
Nordarmee wurde von der zweiten deutschen Armee unter
General Manteuffel bei Bapaume geschlagen und
dadurch der Rücken der ersten Armee frei. Von der
ersten deutschen Armee unter General Göben wurde die
Nordarmee bei St. Quentin vollständig geschlagen und
zur völligen Auflösung gebracht.

Der Loirearmee wurden durch die Kämpfe bei Dreux,
Loigny und Orleans so empfindliche Stöße versetzt,
daß die Einnahme der Stadt Orleans erfolgen konnte.
Der Prinz Friedrich Carl, der Großherzog von Mek=
lenburg und der bayerische General von der Tann,
neben welchem auch General von Hartmann mit großer
Auszeichnung genannt wird, erwarben sich hiebei glänzende
Verdienste. In einer 3 tägigen Schlacht bei le Mans
wurde die von Chancy befehligte Westarmee geschlagen.

Die Südostarmee unter Bourbaki suchte von Lyon aus
über Dijon gegen das belagerte Belfort vorzubringen,
um über den Rhein nach Süddeutschland zu gelangen;
aber mit großer Geschicklichkeit, Entschlossenheit und Tapfer=

La Fère am 27. Novbr. 1870.
Stadt Orleans am 4. Decbr. 1870.
Pfalzburg am 12. Dec. 1870.
Mont Avron am 30. Dec. 1870.
Schloß Robert (le Diable) am 31. Dec.
  1870.

Mezières am 2. Januar 1871.
Rocroy am 5. Januar 1871.
Peronne am 10. Januar 1871.
Stadt Le Mans am 13. Jan. 1871.
Festung Longwy am 24. Jan. 1871.

keit mußte der General von Werber ihn bei Belfort
aufzuhalten, bis eine unter General von Manteuffel
gebildete Armee ihm in den Rücken kam, wodurch Bour=
baki genöthigt wurde, seinen Angriff auf Belfort ein=
zustellen und sich zuletzt mit seiner Armee auf schweizerisches
Gebiet zurückzuziehen. Daß dies ein Schritt der Verzweif=
lung war, beweist der Selbstmordversuch, den Bourbaki
machte, um die Niederlage nicht zu überleben.

Auch Garibaldi, welcher das Vorgehen der Bourbaki=
schen Armee unterstützen wollte, mußte sich eiligst von Dijon
zurückziehen und war nebst dem Agitator Gambetta nahe
daran, in Gefangenschaft zu gerathen. Bemitleidet und theil=
weise verhöhnt ging der alte enttäuschte Freischaarenführer und
Abenteurer Garibaldi unverrichteter Dinge, doch jedenfalls
reicher an Menschenkenntniß, in seine Heimath zurück. Auf
solchen Wegen kommt keine Verbrüderung der Menschheit zu
Stande. Das Reich Gottes kann nur kraft des heiligen Gei=
stes gebaut werden. „Ohne Mich könnt ihr nichts thun,"
spricht der Weltheiland.

Es ist etwas Trauriges um die Verblendung. In Folge
von Verblendung wurden die Pariser nicht einmal durch ihre
vielen vergeblichen Ausfälle zum Nachgeben bewogen. Erst, als
alle Stützen gebrochen waren, als nämlich die Pariser sahen,
daß ihre riesengroßen Anstrengungen und Ausfälle, (die sie
verzweiflungsvoll machten, um die Reihen der Deutschen zu
durchbrechen), vergeblich waren und daß die Wiedervereinigung
mit den von außen zu Hülfe eilenden französischen Truppen
zur Unmöglichkeit wurde, (was sie am schmerzlichsten am 29.
und 30. November 1870 in der Schlacht bei Champigny
fühlten, wo im Osten von den unerschrocken Stand haltenden
tapferen Württembergern und Sachsen die stürmisch an=
laufenden Pariser Truppen tapfer zurückgeschlagen wurden),
als ferner die zum Schweigen gebrachten Forts (z. B. Issy,
Vanves, Montrouge, Villejuif, Point du jour)
capitulirten, und auch Belfort am 16. Februar 1871 ge=
fallen war, (wo sich General von Werber den Namen

des Helden von Belfort erwarb und die badischen Trup=
pen überhaupt sich auszeichneten) als auch die Kriegs=
Operationen zur See — (z. B. der Zusammenstoß
mit der deutschen Flotte bei Hiddense am 17. August 1870, *)
das Gefecht bei Danzig am 21. August 1870 und das Ge=
fecht vor dem Hafen von Habannah am 9. November 1870
und am 4. Januar 1871) — den Franzosen nicht den erwünsch=
ten Erfolg brachten, — da endlich ließen sich die Franzosen
herbei, einen Friedensvertrag zu unterzeichnen, welchen die Na=
tionalversammlung am 2. März 1871 annahm. Die Pariser
Armee blieb kriegsgefangen in der Stadt. Die deutschen Trup=
pen zogen siegreich ein.

Am 18. Januar 1871 schon war in Versailles der König
von Preußen auf den Antrag des hochherzigen, für alles Ideale
begeisterten, deutschgesinnten Königs von Bayern, Ludwig II.,
feierlich zum deutschen Kaiser ausgerufen worden.

So kam es, daß das letzte Telegramm des Königs von
Preußen aus dem feindlichen Lande die Ueberschrift trug:

„Der Kaiser an die Kaiserin." Es schloß mit den
Worten:

„So weit ist das große Werk vollendet — Dank der Tap=
„ferkeit des Heeres und der Opferwilligkeit des Vaterlandes.
„Gott die Ehre, der Armee und dem Vaterlande aus tief=
„bewegtem Herzen meinen Dank!"

Ja ein großes Werk war vollendet, theuer erkauft mit
dem Blute so vieler edler deutscher Krieger, (man zählt den
Gesammtverlust auf 140,130 Mann), **) aber immerhin der

---

*) Die deutsche Flotte errang sich bei Hiddense unter Capitän Wal=
bersee Lorbeeren, bei Danzig unter Capitän Weikhmann. Das
preußische Kanonenboot Meteor und die Corvette Augusta bestanden
glückliche Gefechte. Letztere nahm 3 französische Schiffe weg und
kehrte glücklich heim.

**) Die Bayern verloren 747 Offiziere und 15,641 Mann.
An Krankheiten sind im letzten Krieg von den deutschen Truppen
         12,263 Mann
im Gefecht . . . . 127,867 „
im Ganzen . . . . 140,130 Mann zu Grunde gegangen.
Am 31. Mai 1871 wurden noch 4009 Mann vermißt.

großen Opfer werth. Aus der furchtbaren Blutsaat erwuchs die Freudenärndte, daß wir ein einiges, dem Auslande Achtung gebietendes Deutschland unter preußischer Führung mit einem Kaiser an der Spitze und einem Reichstage haben, eine Erfüllung heißer, längst gehegter und auf den verschiedensten Umwegen angestrebter, aber nicht erreichter Wünsche!!! Daß der deutsche Kaiser bei allen Siegen Gott allein und zuerst die Ehre gab, ist eine herrliche Bürgschaft dafür, daß sein Reich ein Reich der Gottesfurcht nach seinem Wunsche sein soll und daß er nur mit Gott Thaten thun will.

An Gottes Segen ist Alles gelegen. —

Durch Gottes Segen gelang es den deutschen Waffen, in 180 Tagen 156 Gefechte zu bestehen, 17 große Schlachten zu schlagen, 26 feste Plätze zu nehmen, 11,650 Offiziere und 363,000 Mann zu Gefangenen zu machen, auch 6700 Geschütze, 120 Adler und Fahnen zu erbeuten und die Auszahlung von 5 Milliarden Francs zu erlangen. Eine Milliarde ist eine Summe von 1000 Millionen. Welche Demüthigung für Frankreich! Im Jahre 1806 stand Napoleon I. vor Berlin, im Jahre 1809 vor Wien und im Jahre 1812 vor Moskau. Damals mußten wir Deutsche zahlen. Nun aber konnten wir den Franzosen zurufen: „Jetzt zahlt ihr!" Wie ein gefallener Stern, so ist auch der französische Stern vom Himmel gefallen. Napoleon I. gab nicht „Gott allein" die Ehre; darum erbleichte sein Stern im Jahre 1813. Der Neffe trat in die Fußtapfen des Oheims; darum ist er anno 1870 auch gefallen. Das sind die Wege Gottes. Schaue den Ernst Gottes an denen, die gefallen sind; sei nicht stolz, sondern fürchte dich! Schaue die Güte Gottes an dir, so ferne du an der Güte bleibst, sonst wirst du auch abgehauen werden. (Röm. 11, 20 und 22.) Die wunderbaren Wege Gottes erkennt man auch recht deutlich an der Wiedereroberung der früheren deutschen Provinzen: Elsaß und Lothringen. 200 Jahre lang waren diese Provinzen von Deutschland getrennt. Der unglückselige 30jährige Krieg wurde von den Franzosen geschickt benützt, um das Feuer der Uneinigkeit bei den Deutschen zu schüren.

Die Franzosen nahmen sich nämlich der Protestanten gegen den Kaiser an, nur, um bei dem Friedensschlusse etwas zu fischen. So erhielten sie im Jahre 1648 Metz, Toul, Verdun, Elsaß mit Ausnahme Straßburgs.

Das im Jahre 1814 wieder eroberte Elsaß fiel bei dem Friedensschlusse im Jahre 1815 wieder Frankreich anheim. Metz und Straßburg sind durch schändliche Verrätherei gewonnen worden; ersteres schon in dem Jahre 1552 und letzteres anno 1680. Im Jahre 1552 stellte sich der französische General Montmorency vor den Stadträthen in Metz krank und that, als ob er sein Testament machen wolle, ließ aber die arglos erschienenen Räthe niederdolchen und die Stadt bewältigen. In Straßburg wurde eine kleine Partei mit Gold bestochen. In aller Stille umzingelten Truppen die Stadt und dieselbe ergab sich am 13. Oktober 1680. Elsaß und Lothringen, die ungerecht eroberten Provinzen, mußten wieder herausgegeben werden anno 1871, mit Ausnahme von Belfort und einem Theil von Lothringen.

Unrecht Gut gedeiht nicht, bleibt nicht. —

Daß diese schmachvolle Zeit vorüber ist, in welcher zwei deutsche Provinzen in fremden Händen waren, dafür können wir Gott nicht genug danken. —

III. Theil.

Schlußworte.

Parenätischer Theil, Zusammenfassung des Ganzen und Anwendung.

Was muß nun aber geschehen, wenn die großen Opfer nicht umsonst gebracht sein sollen, wenn die errungenen Güter sicher gestellt, der Segen erhalten werden und die großen Erlebnisse dem Reiche Gottes zu Gute kommen sollen?

Wie werden die Erfahrungen im Kriegsjahre 1870/71 zur Hebung des christlich-kirchlichen Lebens am Besten verwerthet? Wir müssen beherzigen, was Gott, der Herr, in diesen Erlebnissen zu uns redet. Rede, Herr! Deine Knechte hören!

1) Fürs Erste sollen wir lernen und beherzigen, daß Gott Sünde mit Sünde straft.

Wer von Gott weicht und abfällt, geräth in Thorheit und
Verblendung und wird ein Narr. An den Bewohnern der französischen Hauptstadt hat sich recht deutlich geoffenbart, wie die
Sünde des Abfalls von Gott, unsrem Heilande, mit einem
ganzen Heer anderer großer Sünden gestraft wird. Sie zerfleischten sich in einem brudermörderischen Kriege. Alle Bande
der Zucht und Ordnnng lösten sich; Verrätherei war an der
Tagesordnung. Die Stadt und das Heiligthum war in den
Händen von Räubern und Banditen zur Mördergrube geworden.
Nichts war mehr heilig, keine Stätte und kein Stand, wie sich
in der Ermordung des greisen Erzbischofs zeigte. Paris stand
leiblich und geistlich am Abgrund. So straft Gott Sünde mit
Sünde. Solchen Leuten gebührt nicht die Siegespalme. Die
größte Macht kann solche Leute nicht vor dem Verderben schützen;
denn die Sünde ist der Leute Verderben. Macht hilft und nützt
nichts in Sünderhänden, ja sie schadet im Dienst der Sünde
mehr; das ist das Zweite, was wir lernen und beherzigen
sollen.

2) Einem Könige hilft nicht seine große Macht, auch Rosse
helfen nicht, wenn Gott mit Seiner Gnade und mit Seinem
Segen weicht. Wenn irgend ein Volk, so war das französische
Volk mit Gaben aller Art ausgestattet. Die Armee war tapfer
und im Pulverdampfe auferzogen, die Anführer tüchtig und in
vielen Schlachten erprobt. Frankreichs Straßen und Gebäude
dürfen wir Deutsche uns heute noch zum Muster nehmen. Das
Auserlesenste ließ man von Paris kommen. Unsere sachver-
ständigen Heerführer staunten über die Schönheit, Sauberkeit,
und Zweckmäßigkeit der französischen Befestigungsarbeiten und
Bauten; an großen Gelehrten fehlt es den Franzosen auch nicht;
und doch half das Alles nichts, weil Gott von ihnen gewichen
war. Sie unterlagen, weil sie von Gott gefallen waren, Seinen
Tag schändeten, den Sohn Gottes verachteten und verspotteten,
und sich nicht auf Gott, sondern auf ihre eigene Kunst und
Macht verließen. Weil sie wunderlich mit Gott umgingen, „so
will ich," sprach der Herr, (Jesaias 29, 14) „auch mit
diesem Volke wunderlich umgehen, auf's Wunderlichste

und Seltsamste, daß die Weisheit seiner Weisen untergehe und der Verstand seiner Klugen verblendet werde." Bildung rettet nicht vom Verderben. Bildung ist noch keine Heiligung. Die Furcht des Herrn ist die wahre Weisheit.

Deutsches Volk! bedenke, was zu Deinem Frieden dient! Willst Du in dieselben Fehler gerathen, durch welche Deine Feinde ins Unglück gerathen sind? Lassen wir uns das Unglück unserer Feinde zur Warnung dienen! Ziehen wir Gewinn aus den Erfahrungen des Jahres 1870/71! Aufrichtige Buße und Bekehrung soll unser Danklied sein und die schönste Frucht, die wir vom Baum der Friedenseiche pflücken! Wenn wir den Reichthum der Güte und Geduld Gottes verachten, so wird Gott sprechen: (Jesaias 65, 12) Wohlan! ich will euch zählen zum Schwert, daß ihr euch alle bücken müsset zur Schlacht, darum daß ich redete und ihr höretet nicht, sondern thatet, was mir übel gefiel."

Wenn Buße mehr hilft, als irdische Macht, Heiligung mehr, als Bildung, so sind wir damit aufgefordert:

3) die weitere Lehre zu beherzigen, daß der Sieg nicht übermüthig, sondern demüthig machen soll. Gottes Ruhm, nicht Menschenruhm, soll sich der Hauptsache nach vernehmen lassen. —

Gott allein die Ehre! Wir haben in der That recht viel Ursache, demüthig zu sein; denn die Zuchtruthe Gottes war auch an unserem Volke wahrzunehmen. Durch den Sieg blitzt der Ernst des Gerichtes Gottes auch hindurch.

Wohl hat das dankbare Vaterland die heimkehrenden Krieger mit allen Ehren und unbeschreiblichem Jubel empfangen, sie beim Einzug mit einem Blumenregen überschüttet, ihnen Feste bereitet; wohl hat sich fast jedes Dörflein in ein Festgewand gekleidet und sann auf viele Arten von Anerkennung und erquickenden Spenden. Die Thore wurden mit Recht weit gemacht, daß die deutsche Armee einen glänzenden Triumphzug und Einzug feiern konnte. Aber all' dieser Jubel und alles Siegesgepränge konnte nicht die Seufzer übertönen, die aus den Her-

zen von vielen tausend Wittwen, Aeltern, Geschwistern, Bräuten,
aufgestiegen sind um derer willen, die im Kampfe gefallen und
und im fremden Lande begraben sind. Nicht konnte übertäubt
werden das Stöhnen so vieler Verwundeter, die als Krüppel
umhergehen oder noch auf dem Krankenlager seufzend liegen und
von ferne den Jubel vernahmen, ohne daran persönlichen An=
theil nehmen zu können. Heute blutet noch das Vaterland aus
vielen Wunden. Viel Uneinigkeit, Parteiwesen, Armuth und
Elend, Geldnoth, Theuerung und Unzufriedenheit ist noch im
Lande zu finden. Das setzt uns einen gewaltigen Dämpfer auf
unser Herz, daß wir nicht übermüthig werden.

Deutsches Volk! steh' mit betendem Herzen demüthig vor
den großen Thaten des Herrn der Heerschaaren! Trotz des
Sieges ist auch ein Gericht durch unsere Reihen gegangen.
Lasset uns den heilsamen Kelch nehmen und des Herrn Namen
predigen! In den gefallenen Kriegern reicht uns der Herr einen
schweren Leidenskelch. Nur unter Thränen können wir den
Herrn preisen. Das kann uns demüthig machen und vor Ueber=
muth bewahren.

Den Hinterbliebenen der Gefallenen geben wir

4) folgenden Trost zur Beherzigung, daß die Rettung
des Vaterlandes großer Opfer werth war, daß es christlich und
ehrenvoll ist, das Leben für die Brüder zu lassen, daß solch ein
Tod werth geachtet ist vor dem Herrn, daß Gott die Macht be=
sitzt, die Heimgegangenen für alles Leid reichlich zu entschädigen,
daß den Verwundeten, wenn sie Gott lieben, auch die Wunden
zum Besten dienen, und daß der Verlust derer, die in dem
Herrn sterben, kein Verlust auf ewig ist. Wir glauben an
eine Auferstehung des Fleisches und an ein ewiges Leben.

5) Wie nöthig ist es, daß die Bruderliebe bei uns
waltet, damit die leidenden Brüder ihr Elend verschmerzen lernen!
Lasset uns unter einander als Brüder lieben, die sich freuen,
wenn es dem Bruder gut geht! Geben wir den Brüdern, in=
sonderheit den arbeitenden Brüdern, was recht ist, daß sie
leben können!!! So wird die Arbeiterfrage am Besten gelöst,

zumal, wenn auch auf Seite der Arbeiter Genügsamkeit und Billigkeit herrscht.

6) Deutsches Volk! halte den Sabbath heilig! schände diesen Tag nicht durch Märkte, ausschweifende Lustbarkeit und Werktagsarbeit! Kehre zurück zur Einfachheit, zur alten frommen Sitte der Väter, zum apostolischen Christenthum! Halte heilig die Ehe und den Eid! Gib dem Kaiser was des Kaisers ist, und Gott, was Gottes ist! Es ist eine Pause eingetreten. Gott hat das Schwert eingesteckt. Tritt keine Besserung der Menschen ein, so wird Gott mit noch schwereren Trübsalen die Welt zur Buße rufen. „Küsset den Sohn, (Psalm 2, 12) daß Er nicht zürne und wir umkommen auf dem Wege!" Je größere Gnade uns zu Theil geworden ist, desto größer muß die Strafe sein, wenn wir die Gnade mit Füßen treten. Es gibt nichts Schändlicheres, als Undank. Laßt uns doch

7) dankbar sein! Wenn wir vergessen, daß der Erlöser Jesus Christus Schweiß, Blut und Thränen für uns geopfert hat, wenn Er weinen muß über unsere Verläugnung Seiner Person, wenn wir nicht ein einig, frommes, gottesfürchtig Volk sind, — ach! dann bringen die Thränen unseres Heilandes ein noch größeres Gericht über uns, als über Jerusalem. Darum lasset uns wiederholt bedenken, was zum Frieden dient! Vom Altar und von der Kirche zogen wir in die Schlacht und mit Gott haben wir Thaten gethan und die Feinde untertreten. Soll nun Lauheit, Leichtsinn und Gleichgültigkeit gegen Altar und Kirche unser Dank sein?! Ach! Laß Deine Langmuth und Geduld, Herr, unsere Herzen rühren! Nie müsse Deine Vaterhuld zur Sicherheit uns führen! Leit' uns erbarmend fernerhin und gib uns einen frommen Sinn, daß wir die Sünde hassen und uns noch in der Gnadenzeit durch Deine große Gütigkeit zur Buße leiten lassen!

Amen!

Vorlesung in der Schule
am National- und Friedensfeste.

_____

Liebe Kinder!

Wir sind hier versammelt, um auch in der Schule der Feier des Nationalfestes einen würdigen Ausdruck zu verleihen, damit auch bei den Schülern, nicht blos bei den Erwachsenen, die heilige Gluth der Vaterlandsliebe angefacht und genährt werde. —

Da bei jedem Werk der Segen des Herrn das Wichtigste ist, so wollen wir es am Aufblick zum Herrn nicht fehlen lassen und zum Beginn unserer Feier den Segen des Herrn erflehen

1) mit dem Gesange des Liedes Nr. 13 im bayer. Gesangbuche: (besonders Vers 7:)

"Aber der Gottesvergeßnen Tritte
"Kehrt Er mit starker Hand zurück,
"Daß sie nur machen verkehrte Schritte,
"Und fallen selbst in ihren Strick.
"Der Herr ist König ewiglich.
"Zion, dein Gott sorgt stets für dich.
"Hallelujah! Hallelujah!"

2) und dem Vorlesen des 85. Psalms (wird gemeinsam vom Lehrer und allen Schülern laut gelesen.)

Herr, der du bist vormals gnädig gewesen deinem Lande, und hast die Gefangenen Jakobs erlöset;

Der du die Missethat vormals vergeben hast deinem Volk, und alle ihre Sünde bedecket, Sela;

Der du vormals haſt allen beinen Zorn aufgehoben und
bich gewendet von dem Grimm beines Zorns;

Tröſte uns, Gott, unſer Heiland, und laß ab von beiner
Ungnade über uns;

Willſt du benn ewiglich über uns zürnen, und beinen
Zorn gehen laſſen für und für?

Willſt du uns benn nicht wieder erquicken, baß ſich bein
Volk über bir freuen möge?

Herr, erzeige uns beine Gnade, und hilf uns!

Ach, baß ich hören ſollte, baß Gott ber Herr rebete,
baß er Friede zuſagte ſeinem Volk unb ſeinen Heiligen, auf baß ſie nicht auf eine Thorheit gerathen!

Doch iſt ja ſeine Hülfe nahe benen, bie ihn fürchten,
baß in unſerm Lanbe Ehre wohne;

Daß Güte und Treue einander begegnen, Gerechtigkeit
und Friede ſich küſſen;

Daß Treue auf ber Erbe wachſe und Gerechtigkeit vom
Himmel ſchaue;

Daß uns auch der Herr Gutes thue, bamit unſer Lanb
ſein Gewächs gebe;

Daß Gerechtigkeit bennoch vor ihm bleibe unb im Schwange
gehe. —

(Die Schüler ſetzen ſich und der Lehrer fährt folgenbermaßen fort).

Vernehmet nun mit Aufmerkſamkeit die Geſchichte des
beutſch-franzöſiſchen Krieges und Sieges im Lichte bes göttlichen
Wortes, bamit ihr erkennt, wie ber Herr Ehre eingelegt hat
auf Erben, welches Zerſtören Er anrichtete, wie Er aber unſe-
rem Volke eine Hülfe war in großen Nöthen und uns Urſache
unb Recht gab, zu rufen:

„Der Herr Zebaoth iſt mit uns“;

„Der Gott Jakobs iſt unſer Schutz.“

Ihr wißt Alle aus ber heiligen Geſchichte, was Joſeph
einſtmals zu ſeinen Brübern ſprach: welche Morbgebanken heg-
ten, beren Morbpläne aber burch Gottes gnäbig waltenbe Hanb
vereitelt wurben. —

Joſeph ſprach zu ſeinen Brübern, wie wir 4. Moſe 50,
20 leſen:

„Ihr gebachtet es böſe mit mir zu machen; aber Gott
„gebachte es gut zu machen, baß Er thäte, wie es jetzt am
„Tage iſt, zu erhalten viel Volks.“

Seht, liebe Kinder, solche Erfahrung hat auch unser Volk gemacht. Die französischen Brüder gedachten es böse mit uns zu machen. Wie die Brüder Joseph's auf den Tod und das Verderben ihres Bruders Joseph sannen, so hatten die Franzosen vor, uns zu knechten und zu verderben und auf den Trümmern unseres Wohlseins sich zu bereichern. Wie in der Erzählung (Fabel) vom Wolf und vom Lamm die schändliche Raubgier und Arglist des Wolfes hervortritt, so trat die böse Absicht des französischen Wolfes hervor, als ohne alle Ursache der Krieg und die Ursache zum Krieg vom Zaun gebrochen wurde.

Bekanntlich sagte der Wolf, der oben auf einem Berge stand, von dem ein Wasser abfloß, zu dem Lamme, das unten stand: „Du hast mir das Wasser trüb gemacht." Als das Lamm auf das Widersinnige aufmerksam machte, daß man ein Wasser, das bergab fließt, nicht von unten aus oben trüb machen könne, so erklärte der Wolf rundweg: „Wenn du es nicht gethan hast, so hat es dein Vater gethan," und zerriß das Lamm. Man sieht, daß er einen Vorwurf und Vorwand suchte unter dem Schein des Rechts das Lamm zu zerreißen, und da kein vernünftiger Grund sich finden ließ, so mußte ein unvernünftiger Grund herhalten.

So hat's der französische Wolf mit dem deutschen Lamm auch gemacht. Um das deutsche Lamm zerreißen zu können und den Schein zu besitzen, als ob er ein Recht dazu habe, sagte der französische Wolf zum deutschen Lamm: Du hast mir das Wasser trüb gemacht. Du erlaubst einem deutschen Prinzen, daß er die spanische Königskrone annehme; dadurch trübst du mir das Wasser. Als das deutsche Lamm sagte: „Wie kann ich dir das Wasser trüben, da der deutsche Prinz Leopold auf die spanische Krone Verzicht leistet?!" Da gab sich der Wolf nicht zufrieden, sondern erklärte, das Wasser sei ihm doch getrübt, schickte sich an, durch eine Kriegserklärung das deutsche Lamm zu zerreißen und fiel über das Lamm her.

Der liebe Gott aber ließ das nicht zu, daß der Wolf das Lamm zerriß, sondern gab dem deutschen Lamm die Kraft eines

Löwen und stand mit Segen dem streitenden Lamm zur Seite, daß es einen Sieg nach dem anderen erlangte und der Wolf gefangen um Gnade bitten mußte. Die bösen Franzosen gedachten es böse zu machen; aber der Herr gedachte es gut zu machen, daß er thäte, wie es jetzt am Tage ist, zu erhalten viel Volks, das große, begabte, edle deutsche Volk.

Der König Wilhelm von Preußen, unser ehrwürdiger gegenwärtiger Kaiser zog das Schwert zur Vertheidigung Deutschlands und Gott zog mit ihm; Gottes segnende Hand war mit ihm, dem obersten Bundesfeldherrn.

Am Geburtstag des Königs von Preußen wurde der Befehl zum Angriff gegeben. Da hieß es: Wohlauf! Kameraden! auf's Pferd, auf's Pferd, in's Feld für die Freiheit gezogen!

Der gegenwärtige Kronprinz des deutschen Reichs hat sich die ersten Lorbeeren im Kriege errungen, indem er am 4. Aug. 1870 mit tapferen Bayern und Preußen die Höhen von Weißenburg und Wörth erstürmte und nach heißem, siegreichen Kampfe die Fahne auf der Höhe zum Zeichen des Sieges aufpflanzte. Dieser Schlacht folgten die blutigen Gefechte bei Saarbrücken und Spichern am 6. August 1870, wodurch die Franzosen gezwungen wurden, einen Rückzug nach Metz zu veranstalten.

So groß der Sieg war, so theuer war er erkauft mit Menschenblut. Denkt euch, liebe Kinder, wie grausam es in der Schlacht hergeht, wie schonungslos die Menschen da einander niederstechen, wie die Geschosse manchen Menschen wie zu einem Brei zermalmen, wie da ein Arm fliegt, dort ein Bein, dann könnt ihr euch einen Begriff machen, wie viel der zu verantworten hat, der ungerecht einen Krieg anfängt und dadurch die schwere Schuld auf sein Gewissen ladet, so viele, viele Opfer hingeschlachtet zu haben. Wie jammervoll ist es, wenn ein altes Mütterlein auf ihren Sohn vergeblich wartet, der ihre einzige Stütze war; wie traurig ist es, wenn er nicht mehr zurückkehren kann, weil er auf dem Schlachtfelde fiel!!! Welche blutige Thränen weinen die Kinder um ihren Vater, die Braut um ihren Bräutigam, die Frauen um ihre Männer!

Da werdet ihr wohl erkennen, daß eine große Strafe Gottes über solch' ein Volk kommen muß, welches muthwillig und leichtsinnig ein so großes Herzeleid verursacht. Solche Strafe blieb auch nicht aus. Der liebe Gott zog Seine Segenshand zurück von dem französischen Volk und segnete alle Schritte und Thaten des deutschen Volkes und der deutschen Armee in diesem Kriege.

Obwohl die französische Armee von sehr tüchtigen Befehlshabern, z. B. vom Feldherrn Mac Mahon, geleitet wurde und die Soldaten sehr tapfer kämpften, so fehlte doch der Segen. So oft die Deutschen kämpften, hieß es: „Hier Schwert des Herrn und Gideon!" Sieg auf Sieg erfolgte, bei den Franzosen dagegen folgte Niederlage auf Niederlage, Schlag auf Schlag.

Unsere Armeen drangen vor, die französischen mußten zurückweichen; eine französische Festung um die andere mußte sich ergeben. So kam es, daß die französische Armee von Paris abgeschnitten, nach Metz geworfen und dort vom Prinzen Friedrich Carl eingeschlossen wurde, während unsere Truppen allmählich bis zur Hauptstadt des französischen Reichs, bis Paris vordrangen. Alle Bemühungen der Franzosen, das eingeschlossene Metz, welches vom französischen Marschall Bazaine vertheidigt wurde, zu befreien, waren fruchtlos. Am 14., 16. und 18. August fanden um Metz herum außerordentlich heiße und schwere Kämpfe Statt, nämlich die Kämpfe bei Mars la Tour, bei Gravelotte, Rezonville, Verneville und St. Privat, bei Beaumont und Baur (wo sich die Bayern auszeichneten).

Aber Gott stritt auf Seite der Deutschen gegen Frankreich und ließ kund werden, daß an seinem Segen Alles gelegen ist und daß kein Volk und keine Armee siegen kann, wenn Gott mit Seiner Gnade und mit Seinem Segen gewichen ist.

Der Versuch Napoleons, die französische Armee über Sedan gegen Metz zu führen, um diese Festung zu entsetzen, fiel schließlich so unglücklich aus, daß am 1. September 1870

bei Sedan 80,000 Mann eingeschlossen und gefangen genom=
men wurden und Kaiser Napoleon sich selbst dem König
Wilhelm von Preußen auf Gnade und Ungnade ergab. Wer
andern eine Grube gräbt, fällt selbst hinein.

Seht, liebe Kinder, wie sich durch Gottes Fügung Alles
wenden kann! Die Franzosen gedachten es böse mit uns zu
machen. Der Herr aber gedachte es gut mit uns zu machen,
daß Er thäte, wie jetzt am Tage ist, zu erhalten viel Volks.

„Gott helfe weiter", so schrieb damals der fromme
Preußenkönig an die Königin Auguste, und Gott half wirk=
lich weiter.

Rasch ging es auf Paris los, nachdem der König Wil=
helm in Rheims eingezogen war und die Festung Laon sich
ergeben hatte.

Nach einem siegreichen Kampfe bei Sceaux wurde Paris
eingeschlossen, wie Jerusalem ringsum von einer Wagenburg
eingeschlossen worden ist. Wie die verblendeten Juden damals
zu ihrem Schaden fortkämpften, so kämpften auch die verblen=
deten Franzosen fort, bis sie hörten, daß alle Festungen, selbst
die stärksten, Straßburg, Metz und Belfort (wo sich die badi=
schen Truppen hervorthaten) sich ergeben hatten und 5 Armeeen
kampfunfähig gemacht worden waren: die Rheinarmee, die
Maasarmee, die Nordarmee (unter Faidherbe), die Westarmee
(unter Chancy) und die Südarmee (unter Bourbaki).

Auch die 3 letztgenannten Armeeen, welche alles aufboten,
um die Stadt Paris zu entsetzen, mußten von ihrem Vorhaben
abstehen und innewerden, daß man gegen Gott nicht streiten
kann, daß der Herr der Herrschaaren mit den Deutschen war
und daß

„was Gott will erquicken,
„Niemand kann unterdrücken."

> Die Kämpfe um Orleans, die Schlach=
> ten bei St. Quentin und Le Mans,
> die Thaten der tapferen Generale
> Manteuffel, Göben, Werder, Tann,
> Hartmann und des Großherzogs von
> Mecklenburg sind Beweise dafür.

Nicht blos zu Lande, sondern auch zur See gewannen die
Franzosen keinen Sieg, wie z. B. das unglückliche Seegefecht
bei Hiddensee bewies (am 17. August 1870). Auch diese Versuche
wurden zu Wasser.

So blieb den Franzosen nichts übrig, als sich zu ergeben, Frieden zu schließen (am 26. Februar 1871), unseren Truppen am 1. März 1871 einen siegreichen Einzug zu gestatten und 5 Milliarden zu zahlen. Eine Milliarde beträgt 1000 Millionen: Wenn Einer von früh 6 Uhr bis Abends 6 Uhr lauter Striche auf einem Papier machen würde, so brauchte er, um eine Million Striche zusammenzubringen, drei Wochen dazu. Nun könnt ihr euch vorstellen, welche große Summe diese 5 Milliarden ausmachen.

Seht ihr, wie gut Gott Alles zu machen gedachte!? Wären die Franzosen gekommen, so wäre das zarteste Kind nicht einmal verschont geblieben, unsere Fluren, Häuser, Güter, Alles wäre verwüstet worden. Nun aber sind uns die himmlischen Heerschaaren zur Seite gestanden und haben uns vor den schrecklichen afrikanischen Horden, den Turkos, bewahrt. Fühlt ihr, wie viel Dank ihr Gott schuldig seid und nächst Gott dem dem deutschen Kaiser, der tapferen deutschen Armee, den Heerführern und den tapferen Soldaten?! Bedenkt, wie theuer dieser Sieg erkauft worden ist und welche schwere Opfer er gekostet hat! Die Gesammtzahl der Todten einschließlich der an den Wunden Gestorbenen beträgt 140,130 Mann. An Krankheiten sind zu Grund gegangen 12,263. 14,318 Mann wurden vermißt; am 31. Mai 1871 noch 4009 Mann. 17 große Schlachten wurden geliefert und 156 Gefechte bestanden und zwar in 180 Tagen.

Da habt ihr weich, ruhig und sicher in euren Betten schlafen können, während so viele tapfere Krieger blutend auf dem Schlachtfelde lagen und unter gräßlichen Schmerzen ihren Geist aufgeben mußten, und daß ihr jetzt ruhig und sicher schlafen könnt, das habt ihr der Barmherzigkeit, der wunderbaren Hülfe Gottes, der Tapferkeit und Aufopferung der Soldaten und der Tüchtigkeit der Heerführer zu danken.

Die Hauptsache war, daß unsere Armee vom Altar in der Kirche aus in den Kampf zog und von unseren Gebeten getragen und geleitet war. Darum hat Gott überschwänglich gethan über Bitten und Verstehen. Sein Wohlgefallen ruhte

auch auf dem, was Frauen und Jungfrauen nebst den Feld=
diakonen thaten, um Thränen zu trocknen und Balsam auf die
Wunden zu legen. Das Theuerste wurde auf dem Altar des
Vaterlandes niedergelegt und geopfert, um zu helfen.

Wenn ihr jetzt Unterricht in der Geographie Deutschlands
erhaltet, so könnt ihr stolz darauf sein, daß ihr zwei Provinzen,
die früher zu Frankreich gehörten, Elsaß und Lothringen, seit
dem Friedensschlusse zu Deutschland zählen dürft. Seht ihr,
daß unrecht Gut nicht gedeiht? Mit Unrecht sind sie uns ent=
rissen worden; nun kommen sie wieder an ihren früheren
Herrn.

Wenn ihr eine Reise ins Ausland macht, so werdet ihr
merken, daß ihr geachtet seid, wenn ihr euch als Deutsche zu
erkennen gebt. Wir haben jetzt ein einiges Deutschland mit
einem deutschen Kaiser an der Spitze, und der deutschgesinnte,
hochherzige, politisch so einsichtsvolle König von Bayern, Lud=
wig der II., hat das große Verdienst, die Kaiserwürde dem
König von Preußen angetragen zu haben. Ihr braucht euch
also des Namens „Deutscher“ nicht zu schämen; dieser Name
steht geachtet vor dem Auslande da; ruhmvoll wird das Hohen=
zollerische Königshaus in der Geschichte genannt. Soll aber
der herrliche Bau des einigen deutschen Vaterlandes nicht zer=
fallen, sollen wir nicht auf's Neue dem Auslande zum Gespötte
werden und soll nicht der Feind über uns kommen, der besiegt vor
uns auf dem Boden lag, dann dürfen wir nicht so gottlos und
schändlich uns betragen, wie die Franzosen. Wir dürfen nicht,
wie sie, den Sabbath schänden und die Kirche verachten, wir
dürfen nicht Gott, unsern Heiland, lästern und verspotten, Der
am Kreuz für unsere Sünden starb und uns des Vaters Huld
erwarb.

Es stehet geschrieben: „Irret euch nicht, Gott läßt sich
nicht spotten; denn was der Mensch säet, das wird er ärndten.“
(Galater 6, 7). Habt ihr nicht gehört, wie es bei der Com=
mune in Paris herging? Nichts war mehr heilig; kein
Menschenleben war mehr sicher. Aelternmord, Brudermord,
Kindermord waren an der Tagesordnung. So geht's und so

weit kommt's, wenn man von Gott gewichen ist und das Heilige verspottet.

Laßt uns fromm und gottesfürchtig sein, liebe Kinder, und der Jahre 1760 und 1871 gedenken, an welchen so große Siege durch Gottes Gnade errungen wurden!

Soll Deutschland groß und begnadigt bleiben, so muß auch die Jugend schon ihren Theil dazu beitragen, indem sie zur Vaterlandsliebe sich anfeuern, zur Bildung und Gesittung, zur Frömmigkeit und Gottesfurcht sich anleiten läßt.

Seid treu im Kleinen; dann kann man euch Größeres anvertrauen. Seid treu dem engen Vaterlande und Heimath= lande, tüchtig und fromm im engsten Kreise; dann seid ihr ein Salz, ein Licht und Segen für weitere, größere Kreise! So sorgt ihr am Besten auch an euerem Theile für die Ehre, Macht und Würde Deutschlands, welches der barmherzige Gott vor Abfall und Verfall bewahren möge!

Möge heute am Nationalfeste und Friedensfeste der Gott des Friedens unter uns sein und fromme Entschließungen in euch erwecken, vor Allem den Entschluß, Gott und die Brüder zu lieben, mit Gott für König und Vaterland, für Kaiser und Reich zu wirken und zu kämpfen, und dem Könige aller Könige — Jesu Christo — treu zu dienen, damit das deutsche Reich ein Reich des Friedens, der Einigkeit, Wahrheit und Gerechtig= keit, kurz — ein Reich der Gottesfurcht werde!

Dazu segne der Gott des Friedens auch diese Vorlesung um Seiner ewigen Erbarmung willen! Amen!

(Nun folgt noch ein Liedervers, das Vaterunser und das Botum: Der Friede des Herrn sei mit uns Allen! Amen!)

Festpredigt,

bei dem feierlichen Dankgottesdienste

für die

aus der Schlacht glücklich heimgekehrten Krieger in Hemhofen

gehalten von dem Ortspfarrer

Christian Friedrich Ernst Neubert.

————

Fröhlich laßt uns Gott lobsingen!
Hocherfreut laßt uns heut'
Ihm Anbetung bringen!
Stimmet ein: Gott allein,
Uns'rem Gott sei Ehre! Amen!

Andächtige, in Christo Jesu, uns'rem HErrn, Geliebte!

Die aus dem Kriege mit Sieg, Ruhm und Ehre heimge=
kehrten Krieger, deren Leben verschont blieb und die wir als
gerettete Ortskinder betrachten dürfen, sind als lebende Zeugen
der göttlichen Wundergnade und Barmherzigkeit heute in diesem
Heiligthum erschienen, um Gott die Ehre zu geben und ein
frommes Dankopfer darzubringen. Die Gemeinde nimmt inni=
gen Antheil; Aeltern, Geschwister, Freunde, Bekannte und Ver=
wandte vereinigen mit tiefgerührtem Herzen und mit Thränen
in den Augen ihre Dankgebete mit den Dankgebeten der glück=
lich heimgekehrten Krieger.

Wie lautet aber das gottwohlgefällige Dankgebet und
Danklied der glücklich heimgekehrten Krieger? Das muß so
lauten, wie uns der 116. Psalm die Anleitung gibt.

Dieser Psalm ist ein Danklied für die Verschonung des
Lebens und Rettung aus großer Todesgefahr.

Darum ist er auch ein passender Ausdruck des Dankes der aus der Schlacht heimgekehrten und unversehrt gebliebenen Krieger, insbesondere auch heute unserer geliebten, tapferen Ortskinder, welche im Felde und Feindesland standen und an denen Gott Großes gethan hat. —

Vernehmet nun und betrachtet mit gebührender Andacht den Text: 116. Psalm; derselbe lautet vom 1. bis 19. Verse folgendermaßen:

1. Das ist mir lieb, daß der HErr meine Stimme und mein Flehen höret;

2. daß er sein Ohr zu mir neiget: darum will ich mein Lebenlang ihn anrufen.

3. Stricke des Todes hatten mich umfangen, und Angst der Höllen hatte mich getroffen, ich kam in Jammer und Noth.

4. Aber ich rief an den Namen des HErrn: O HErr, errette meine Seele!

5. Der HErr ist gnädig und gerecht, und unser Gott ist barmherzig.

6. Der HErr behütet die Einfältigen; wenn ich unterliege, so hilft er mir.

7. Sei nun wieder zufrieden, meine Seele: denn der HErr thut dir Gutes.

8. Denn du hast meine Seele aus dem Tode gerissen, mein Auge von den Thränen, meinen Fuß vom Gleiten.

9. Ich will wandeln vor dem HErrn, im Lande der Lebendigen.

10. Ich glaube, darum rede ich, ich werde aber sehr geplaget.

11. Ich sprach in meinem Zagen: Alle Menschen sind Lügner.

12. Wie soll ich dem HErrn vergelten alle seine Wohlthat, die er an mir thut?

13. Ich will den heilsamen Kelch nehmen, und des HErrn Namen predigen.

14. Ich will meine Gelübde dem HErrn bezahlen, vor allem seinem Volk.

15. Der Tod Seiner Heiligen ist werth gehalten vor dem HErrn.

16. O HErr, ich bin dein Knecht; ich bin dein Knecht, deiner Magd Sohn, du hast meine Bande zerrissen.

17. Dir will ich Dank opfern, und des HErrn Namen predigen.

18. Ich will meine Gelübde dem HErrn bezahlen, vor allem seinem Volk.

19. In den Höfen am Hause des HErrn, in dir, Jerusalem, Hallelujah.

Den so eben verlesenen Psalm hat David als ein Dank=lied dem HErrn zu Ehren gefertigt und gesungen, weil Gott sein Leben verschont und ihn aus großer Lebensgefahr errettet hatte.

In diesem Psalm vernehmen wir daher auch:

Das Danklied der glücklich aus der Feldschlacht heimziehenden Krieger.

Dies ist der Gegenstand unserer Betrachtung in dieser Andachtsstunde. —

Dieses Danklied enthält 3 Theile:

1) die Beschreibung der großen Todesgefahr,
2) die Schilderung der Rettung aus dieser großen Gefahr und
3) die frommen Dankgelübde, die man für die gnädige Ver=schonung darbringen soll.

I.

Die schwere Todesgefahr, welche unsere Ortskinder aus=zustehen hatten, als sie zur Vertheidigung des Vaterlandes in ihrer Waffenrüstung ausgezogen waren, wird sehr schön und deutlich mit den Worten unseres Textes beschrieben: V. 3. „Stricke des Todes hatten mich umfangen, und Angst der Hölle hatte mich getroffen, ich kam in Jammer und Noth." Ist das euch nicht aus der Seele gesprochen, geliebte, tapfere Krieger; war's nicht wirklich so, wie der Text sagt? Stricke des Todes hatten euch umfangen, wenn ihr mittten im Kugel=regen gestanden seid: Angst der Hölle hatte euch getroffen, wenn die schrecklichen Geschosse wie aus einem Höllenschlund — einem feuerspeienden Berge vergleichbar — Tod und Verderben verbreitet haben. Ihr kamt in Jammer und Noth. Wie die Schlachtschafe waret ihr geachtet: man hat ganze Tage mit dem blutigen Gemetzel von Menschen zugebracht. Gewiß habt ihr mitten im Donner und Gebrüll der Geschütze, mitten im un=barmherzigen Schlachtgewühle das gethan, was der König David bei der Schilderung der großen Todesgefahr weiter her=

vorhebt, wenn er sagt: B. 4. „Aber ich rief an den Namen des HErrn." In der Noth lernt man beten. Darum rief der Psalmist den Namen des HErrn an und wie lautete sein Hülfe= ruf? „O, HErr, errette meine Seele!" Gewiß habt ihr das auch gethan und den Namen des HErrn angerufen, den HErrn, Der in Seinem hochheiligen Namen „HErr Zebaoth, Jehovah, Jesus Christus, sich als den Gott geoffenbart hat, Der sich zu seinem Bundesvolk bekennt als Vater, Bruder, Freund, Heiland und Erlöser, Der die Sünde tilgt und vergibt, Gebete erhört, Gnade, Heil und Segen zusagt dem Gläubigen und Frommen. Gewiß hat Jeder unter euch in euren großen Nöthen mit tiefer Wehmuth der Heimath gedacht, der Lieben im Aelternhause, aller Freunde in der Heimath, und betend gedacht: „Ach, HErr, wer weiß, ob ich sie je wieder sehen und wieder in meine Arme schließen kann; jeden Augenblick kann ich eine Beute des Todes sein; wahrlich, so wahr der HErr lebet und meine Seele lebet, es ist nur Ein Schritt zwischen mir und dem Tode! Herr, über Leben und Tod, ich befehle meine Seele Deinem allmäch= tigen Schutz; vergib mir alle meine Sünde um des Blutes Jesu willen; soll ich sterben, so sei mir ein barmherziger Richter, schenke mir eine selige Heimfahrt und eine Ruhestätte im seligen Vaterhause!"

So habt ihr sicherlich den HErrn im Stillen angerufen und gebetet und wir haben mit euch gebetet und für euch mit dem HErrn gerungen. Die ganze Gemeinde wird euch bezeugen können, wie oft ich auf der Kanzel und am Altar eurer in der Ferne gedachte, wie ihr getragen waret von unseren Gebeten, welch' innigen Antheil wir an euren Leiden und Kämpfen ge= nommen haben, wie viel Thränen in der Sorge für euer Leben geflossen sind, wie wir Gaben gesammelt und zusammengelegt haben, um euch Erquickung und Labung unter den harten Arbeiten im Felde zu bereiten. Und unsere Geister sind sich nicht vergeblich begegnet; nicht umsonst haben wir den HErrn angefleht, daß Er Seine starke Hand über euch halten und euch behüten möge mitten in der Fluth feindlicher Geschosse. —

II.

Gelobt sei Jesus Christus! Er hat unsere Gebete er=
hört: eure Gegenwart und heutige Anwesenheit in diesem Hei=
ligthum ist dessen Zeuge. Wenn ihr hört, wie der Psalmist
seine Rettung aus schwerer Todesgefahr schildert, so sagt ihr
gewiß, daß euch dies aus der Seele gesprochen ist. — Ihr
könnt mit dem Psalmisten im Texte sagen:

B. 1. „Das ist mir lieb, daß der HErr meine Stimme
und mein Flehen höret." B. 2. „Daß Er sein Ohr zu mir
neiget; darum will ich mein Leben lang ihn anrufen."

Ja, der Herr sah an die Thränen der Mütter, hörte
das Seufzen der Väter, das Angstgeschrei der Kinder, die
Klagen der Braut und erfüllte, was geschrieben steht:

B. 5. „Der HErr ist gnädig und gerecht und unser Gott
ist barmherzig." B. 6. „Der HErr behütet die Einfältigen,"
das heißt die, welche ohne Falsch, aufrichtig in heiliger Ein=
falt Ihm dienen; „wenn sie unterliegen, so hilft er."

Das hat er bei euch bewiesen; denn ihr könnt mit dem
Psalmisten weiter rühmend sagen:

B. 8. „Denn Du hast meine Seele aus dem Tode ge=
rissen, mein Auge von den Thränen, meinen Fuß vom Gleiten."
B. 16. O HErr, ich bin Dein Knecht, Deiner Magd Sohn,
Du hast meine Bande zerrissen."

Ja, wenn der HErr euch nicht behütet und das feindliche
Geschoß von eurem Leibe abgelenkt hätte, so würdet ihr nicht
heute in diesem Heiligthum den HErrn preisen können. So
aber hat der HErr Sein Antlitz gnädig leuchten lassen über
euch, daß Eltern entzückt ihre Söhne wieder in die Arme
schließen konnten, die Braut den Bräutigam, die Gattin den
Gatten, Geschwister, Freunde und Verwandte euch froh be=
grüßen konnten. Manche sind in leidendem Zustande heimge=
kommen, nach kurzer Rast dennoch wieder in den Krieg gezogen
und doch wieder wohlbehalten hier angekommen. Mit Ruhm
bedeckt seid ihr heimgekehrt, habt, getragen von den Gebeten in
der Heimath, unter dem Beistand des allmächtigen Gottes den

grausamen, hinterlistigen und gefährlichen Feind durch eure
Tapferkeit zu Boden geworfen und Land und Heimath, Weib
und Kind, Fluren und häuslichen Herd vor dem Ueberfall,
vor der Verwüstung und Plünderung des rachefchnaubenden
Feindes bewahrt. Die bayrischen Soldaten haben das Lob be=
sonderer Tapferkeit und Ausdauer davon getragen; mit Löwen=
muth haben sie dem Tod in's Auge gesehen, dem Feind getrotzt
und durch die feste treue Wacht am Rhein so herrlich uns be=
schützt, daß wir nicht flüchtig werden und das Leben, Hab und
Gut verlieren mußten. Das kann nicht hoch genug geschätzt
werden und wird leider! von Vielen noch nicht genug über=
legt und geschätzt. So ist der Mensch! Wenn er die Schläge
und das Unglück nicht selbst fühlt, so achtet er wenig darauf.
— Nehmt aber den heutigen Tag zum Trost und Zeichen, ihr
tapferen Krieger und liebe Ortskinder, daß die Dankbarkeit
noch nicht ausgestorben ist und daß es noch solche gibt, die an=
erkennen, welches schöne Lorbeerblatt ihr in den Ehrenkranz des
Vaterlandes geflochten habt. Um so freudiger werdet ihr dann

III.

in die frommen Dankgelübbe einstimmen, welche der Pfalmist
für die gnädige Verschonung dem HErrn darbringt.

Ich will meine Gelübbe dem HErrn bezahlen vor allem
Volk, so sagt der Pfalmist im 14. und 18. Verse. Zweimal
sagt er das; denn er bringt, — was ihm eine doppelt wichtige
Sache ist — mehrfache Gelübbe dar. Um sie vor allem
Volk zu bezahlen, wählt der Pfalmist einen öffentlichen Platz,
nämlich den Tempel zu Jerusalem: darum heißt es im 19.
Verse: „in den Höfen am Hause des HErrn, in dir, Jerusalem,
will ich meine Gelübbe bezahlen." Dort, wo die Opfer voll=
bracht wurden, welche auf das Kreuzopfer weissagten, durch
welches wir selig werden und Alles erlangen, was als Wohl=
that für Leib und Seele uns zu Gute kommt — dort will der
Pfalmist die Gelübbe bezahlen. Worin bestehen nun die Ge=
lübbe, die der Pfalmist darbringen will? in dem öffentlichen
Lob: er stimmt ein öffentliches Hallelujah an: „in dir, Jerusa=

lem, Hallelujah" — so schließt der Psalm (Vers 19). Oeffent=
lich hat der Herr Großes gethan; öffentlich soll daher ein
„Hallelujah" angestimmt werden.

In dieses Hallelujah soll der Dank für alle Wohl=
thaten eingeschlossen sein. Dir will ich Dank opfern — so
heißt es Vers 17.

Dieser soll auch so dargebracht werden, daß der Name
des HErrn gepredigt wird. Was der HErr gethan, soll ver=
kündigt werden, Seine Liebe und Barmherzigkeit, Seine Ge=
rechtigkeit und Wahrheit, Seine Weisheit, Seine wunderbaren
Wege sollen verherrlicht werden durch eine öffentliche Predigt.
Darum sagt der Psalmist: Dir will ich Dank opfern und des
HErrn Namen predigen." Und nicht blos Einen Tag will
das der Psalmist thun, nein! sein ganzes Leben lang: „darum
will ich mein Leben lang Ihn anrufen," sagt der fromme
Sänger Vers 2. Das ganze Leben soll eine laute Dankpredigt
sein, die vom HErrn zeugt und immer auf den HErrn weist.
Das ist das schönste Danklied, wenn man fromm wandelt und
seinen Wandel vor dem Angesichte des HErrn führt. Das
drückt der Text sehr schön aus mit den Worten: „Ich will
wandeln vor dem HErrn im Lande der Lebendigen" (V. 9).
Je mehr wir aber vor dem HErrn wandeln, desto besser und
mehr erfahren wir Gottes wunderbare Macht und Nähe. Auf
diese Erfahrung kommt Alles an. Wer die wunderbare Hand
des Allmächtigen, die durchbohrte Hand des hochgelobten Hei=
lands gespürt, kennen gelernt und Gottes Hülfe erfahren hat,
kann sagen, wie es im Text heißt:

(V. 10) „ich glaube, darum rede ich," das heißt: ich rede
aus Erfahrung.

Bringt auch das Leben viel Trübsal, so daß wir wie der
Psalmist im 10. Verse klagen müssen: „ich bin sehr geplagt,"
wie es auch von Moses heißt: „er war ein sehr geplagter
Mann," machen wir auch bittere Erfahrungen von dem Lug
und Trug der Menschen, so daß wir mit unserem Psalmisten
(V. 11) in die Worte ausbrechen müssen: „ich sprach in
meinem Zagen: alle Menschen sind Lügner," so werden wir

doch wieder getröstet, wenn wir für Rettung danken und mit dem Psalmisten (Vers 12) rufen können: „Wie soll ich dem HErrn vergelten alle Seine Wohlthat, die er an mir thut," so daß wir unserer Seele Muth zurufen können mit den Worten (Vers 7): „So sei nun wieder zufrieden, meine Seele, denn der HErr thut dir Gutes."

Seht, meine Lieben, — so lauten unsere Danklieder und Dankgelübde. Nun fehlt aber zu unserem Dankgelübde noch Eins. Der Text fordert uns (Vers 12) auf zu dem Gelübde: „Ich will den heilsamen Kelch nehmen und des HErrn Namen predigen." Das gehört zum frommen Dankgelübde, daß wir geduldig mit frommer Ergebung den Leidenskelch trinken, den der HErr darreicht, und des HErrn Namen, Seine wunderbaren Thaten verkündigen, wenn sie auch dunkel und schmerzlich sind.

Es ist uns in der That beschieden, einen heilsamen Leidenskelch hinzunehmen, wie der hochgelobte Erlöser denselben am Oelberg aus der Hand des himmlischen Vaters hingenommen hat. Noch blutet ja das Vaterland aus vielen tausend Wunden; noch ist nicht verstummt das Seufzen so vieler verwundeter Krieger und das Stöhnen so vieler Unglücklichen. Welch' ein Schmerz mußte eure Seele durchschneiden, ihr tapferen Krieger, als ihr aus dem Feindesland gezogen seid und von den Gräbern Abschied nahmt, wo eure Kameraden begraben liegen, die neben euch in Reih' und Glied standen und blutend dahin sanken im Kampf für's Vaterland! Ergreift eure Seelen nicht ein tiefer Schmerz, daß die beiden edlen Jünglinge

Merensky und Kittler,

die mit euch zugleich die Waffen ergreifen und in das Feld ziehen mußten, nicht mehr mit euch heimkehren konnten, sondern vom HErrn über Leben und Tod abgerufen wurden?! Wie blutet das Herz der liebenden Eltern und Aller, die diesen Jünglingen nahe standen, daß sie nicht die Freude erlebten, sie heute mitten in der Schaar derjenigen zu sehen, welche heute ihre glückliche Heimkehr feiern! Viele Herzen im großen deut=

schen Vaterlande, dessen Rettung freilich großer Opfer werth war, müssen diesen Schmerz mitfühlen und das fromme Gelübde Gott darbringen lernen, das unser Text so schön mit den Worten vorschreibt: „ich will den heilsamen Kelch nehmen und des HErrn Namen predigen." Damit es uns nun nicht zu schwer falle, dieses fromme Gelübde Gott darzubringen, so hält uns der Text noch ein schönes, wichtiges Wort vor Augen: es heißt nämlich Vers 15: „Der Tod seiner Heiligen ist werth geachtet vor dem HErrn." Der Tod für's Vaterland gilt als ein heiliger Tod und solch' ein Tod ist werth geachtet vor dem HErrn. Es ist etwas Großes darum, das Beste, was man hat, das Leben, an das Beste zu setzen, an das Wohl des Vaterlandes. Die, welche das Leben für die Brüder gelassen haben, fallen dem HErrn zu Ehren, wenn sie auf dem Felde der Ehre bleiben. Ihr Sturz ist kein Fall, sie können mit dem Psalmisten (V. 6) sagen: „Wenn ich unterliege, so hilft er mir." Ihr Unterliegen ist ein Siegen, wie ja auch Jesus im Sterben siegte. Während die Erde die Niederlage der gefallenen Krieger beweint, wird ihr Sieg, wenn sie „im HErrn" geschieden sind, im Himmel gefeiert. Gott hat Macht und Gewalt, sie so zu erfreuen, daß sie alles Irdische entbehren können. Es bleibt dabei: „Der Tod der Heiligen ist werth geachtet vor dem HErrn." Wie lange wird's dauern? — dann muß sich doch Alles trennen, was sich hier auf Erden liebte! Die heimgegangenen Krieger sind blos eher am Ziele angekommen, dem wir unter Müh' und Streit noch entgegengehen. Lasset uns auch unter Thränen die Thaten Gottes verkündigen und sagen: „Wir wollen den heilsamen Kelch nehmen und des HErrn Namen predigen! Der Lorbeer, der des Helden Schläfe schmückt, ist schön; noch schöner ist die Christenkrone, die das Haupt des Christen schmückt, der sich selbst besiegt und in den Willen des HErrn ergibt.

Ist euch nun, meine Lieben, dieses Danklied, der 116. Psalm, nicht aus der Seele gesprochen? Wir wollten euch, ihr tapferen Krieger und geliebte Ortskinder, erbauen, wollten euch ehren, festlich begrüßen und segnen. Und ihr verdient es. Ein Jahr voll Angst und Noth, Sorgen und Schrecken liegt hinter uns; ein furchtbarer Kampf hat über Wohl und Wehe entschieden und ihr habt gesprochen: „Lieber sterben, als in die Knechtschaft gerathen." Der Feind liegt am Boden; ihr habt gesiegt; wir sind gerettet. Wir reichen euch im Geiste den Ehrenkranz. — Gott, unser Heiland, segne euren Todesmuth und eure Opfer= willigkeit! Wie der HErr euren Auszug in die Schlacht ge= segnet hat, so segne Er auch eure Heimkehr, euren ganzen Lebenslauf; Er segne euch im häuslichen Kreise; Er segne euch in Freud und Leid !

Der dreieinige heilige Gott segne euren Eingang und Ausgang von nun an bis in Ewigkeit! Amen! —

———

Druck von Fr. Campe & Sohn in Nürnberg.